Anita van Saan

# Becherlupe ahoi!

## Forschen und Entdecken am Meer

Illustrationen von Susanne Wechdorn und Gerd Ohnesorge

moses.

Für die Durchsicht des Manuskripts, wertvolle Tipps und Anregungen danke ich sehr herzlich dem Meeresbiologen Dr. Ludwig Tiefenbacher, München, sowie meinen Freunden und Kollegen Christine Klingshirn und Dr. Armin Bieser.

Die Ratschläge in diesem Buch sind von der Autorin und vom Verlag sorgfältig erwogen und geprüft worden. Dennoch kann eine Garantie nicht übernommen werden. Eine Haftung des Verlags für Personen-, Sach- und Vermögensschäden ist ausgeschlossen.

© 2002 moses. Verlag GmbH

moses. Verlag GmbH
Hülser Straße 21-23
47906 Kempen
Telefon 0 21 52 – 20 98 50
Telefax 0 21 52 – 20 98 60
E-Mail info@moses-verlag.de
www.moses-verlag.de

ISBN 3-89777-079-2

Alle Rechte vorbehalten. Die Reproduktion, Speicherung und Verbreitung dieses Buches mit Hilfe elektronischer oder mechanischer Mittel ist nur mit Genehmigung des Verlags möglich. Auch eine auszugsweise Veröffentlichung außerhalb der Grenzen des Urheberrechts bedürfen der schriftlichen Zustimmung des Verlags.

Umschlaggestaltung:
Susanne Wechdorn & Gerd Ohnesorge
Umschlagfoto: Inken Kuntze-Osterwind
Layout, Typographie & Satz: Anja Bauer
Lektorat: Daniela Schönkes & Tanja Mues
Wissenschaftliche Fachberatung:
Dr. Ludwig Tiefenbacher

Printed in Italy

# Inhalt

- 4   Pack die Becherlupe ein!
- 6   Strandläufer unterwegs!
- 8   Wie kommt das Salz ins Meer?
- 10   Wind und Wellen – die Gezeiten
- 14   Es war einmal ein Segelschiffchen …
- 16   Feiner Sand und bunte Kiesel
- 20   Geheimnisvolle Schätze aus dem Meer
- 22   Wälder und Wiesen unter Wasser
- 26   Wer hat Kiemen, wer hat keine?
- 28   Harte Schale, weicher Kern
- 32   Krebse, Krabben, Krabbeltiere
- 36   Von Quallen und Korallen
- 40   Kleine Wurmkunde
- 42   Was piekst denn da?
- 46   Licht und Leben tief im Meer
- 50   Strandforscher im Einsatz
- 52   Lebensraum Felsküste
- 56   Eingegraben, tief versteckt
- 60   Müllkippe Meer
- 64   Piraten und Schätze

# Pack die Becherlupe ein!

Juchu! Wir fahr'n ans Meer! Ich kann es kaum erwarten: Baden, Burgen bauen, die Küste erforschen, Muscheln sammeln, Tiere beobachten!

Meinen Strandforscher-Rucksack habe ich schon längst gepackt. Von mir aus kann's gleich losgehen! Aber wo sind nur die andern? Ah, da kommt Papa. Er schleppt gerade den roten Sonnenschirm und die vier Luftmatratzen zum Auto. Die lange Dünne mit dem blonden Pferdeschwanz, die so hektisch Frotteelaken und Sonnencreme in die Badetasche stopft und den Reißverschluss nicht ganz zukriegt, das ist Mama. Meine Schwester Vivi versucht gerade, Sandspielzeug in ihrem Matchsack zu verstauen. Sassa, unsere Jüngste, die mit der Glatze, sitzt brav im Buggy und popelt in der Nase.

Das vierte Mädchen in unserer Familie ist mein Hund Chica. Ja, Chica, du bist die Allerbeste, auch wenn du gerade ziemlich sabberst.

Bei vier Mädchen in der Familie, sagt Papa, muss man Nerven behalten. So wie heute.

"Tony," brüllt meine Schwester Vivi, "wo ist der Wasserball?" Woher, bitte schön, soll ich das wissen? Chica bellt und will gar nicht mehr aufhören. Jetzt fängt auch Sassa noch zu kreischen an. Sie merkt, dass man sie festgeschnallt hat und ist darüber ziemlich sauer. Mama nimmt sie auf den Arm und klappt den Buggy zusammen. "Einsteigen bitte!", ruft Papa und knallt die Kofferraumtür zu. Endlich sitzen alle im Auto. Puh, ist das heiß hier drin!

Fahrt ihr auch ans Meer? Super! Badehose, Handtuch und Taucherbrille habt ihr ja vermutlich schon eingepackt. Als Strandforscher braucht ihr außerdem unbedingt:

- eine Tüte oder einen anderen Behälter (zum Sammeln von Strandgut)

- Sonnencreme, Sonnenhut und T-Shirt (gut gegen Sonnenbrand)

- 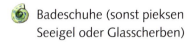 Badeschuhe (sonst pieksen Seeigel oder Glasscherben)
- einen Wassereimer (in ihn kann man Meerwasser füllen und Meerestiere beobachten)
- 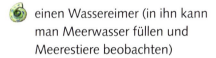 eine Schaufel (zum Ein- und Ausgraben)
- Heft, Zeichenblock, Schreibzeug (für Notizen und Zeichnungen)

### Und bitte das Allerwichtigste nicht vergessen: die Becherlupe!

Denn mit diesem nützlichen Gerät könnt ihr kleine Strandtiere, Pflanzen, bunte Steine, Treibgut, alles was ihr am Strand findet, in vierfacher Vergrößerung betrachten und erforschen. Den Gegenstand, den man studieren will, legt man einfach in den Becher. Um lebende Kleinfische, Schnecken, Muscheln, Seesterne, Seeigel und andere Meerestiere zu beobachten, füllt man etwas Meerwasser dazu. Wenn man eine helle Unterlage, die das Licht reflektiert (z. B. ein Stück weißes Papier) unter den Becher schiebt, dann lassen sich alle Einzelheiten besonders gut erkennen. Wer große Tiere beobachten will, die nicht in den Becher passen, nimmt einfach den Deckel ab und verwendet ihn als Lupe.

Also dann, Becherlupe ahoi! Auf an die Küste, ans Meer!

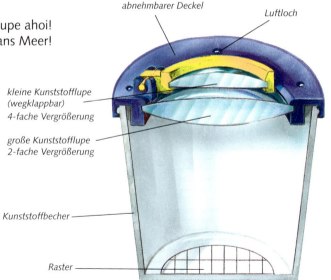

*abnehmbarer Deckel*  
*Luftloch*  
*kleine Kunststofflupe (wegklappbar) 4-fache Vergrößerung*  
*große Kunststofflupe 2-fache Vergrößerung*  
*Kunststoffbecher*  
*Raster*

# Strandläufer unterwegs!

Chica hat sich in einem schattigen Eckchen niedergelassen. Mama und Papa packen gerade die Badetücher aus.

Sassa setzt sich Mamas Sonnenbrille auf und probiert, wie der Sand wohl schmeckt. Vivi sitzt schon auf der Picknickdecke, umringt von ihren Barbie-Puppen. Und ich, ich muss jetzt erst mal das Gelände erkunden. Los Chica, sei nicht so faul, komm mit!

Der Wind ist angenehm. Es riecht nach Algen, nach Tang. Am Strand ziehe ich meine Sandalen aus und stapfe mit nackten Füßen durch den nassen Sand. Das Meer rauscht. Die Wellen bäumen sich hoch auf, überschlagen sich und fallen dann wieder in sich zusammen. Das Wasser schäumt, strömt über meine Beine und zieht sich dann wieder zurück ins Meer. Ich schaue mich um. Sonne, hellblauer Himmel, türkisblaues Meer, Felsen, Klippen, Höhlen, Sandbuchten ... also hier wird mir bestimmt nicht langweilig!

### Die Küste

ist der Übergangsbereich zwischen Land und Meer. Ihre Gestalt verändert sich ständig. Sand und Geröll wird weggeschwemmt und lagert sich an einer anderen Stelle wieder an. Welche Küstenform sich im Lauf der Zeit ausbildet, ist abhängig von der Kraft der Wellen und von der Härte des Gesteins, das vom Meerwasser überschwemmt wird.

Den Teil der Küste, der zeitweise von Wasser bedeckt ist, aber dann wieder auftaucht, nennt man Strand.

### An der Felsküste

prallen die Wellen gegen steile Wände aus hartem Gestein. Die Kraft der Meereswellen nagt an den Felsen

und unterhöhlt sie. Manchmal spalten und erweitern sie sich. Steinblöcke lösen sich ab. Es bilden sich Klippen und Grotten. Manchmal bröckeln kleinere

Gesteinsbrocken durch die Brandung aus den Felsen. Diese Vorgänge nennt man Erosion.

Abgelöste Felsbrocken werden durch die Kraft der Wellen hin- und hergeworfen. Sie reiben sich aneinander und werden rund und glatt geschmirgelt. So entsteht Kies und Sand.

### Die Sandküste

ist meist flach. Mit der Flut wird Sand angespült und bleibt liegen. Bei Ebbe trägt der Wind den feinen Sand landeinwärts. Es bilden sich Dünen. Auf den Sanddünen wächst Dünengras (Strandhafer). Es fängt den angewehten Sand auf, sodass die Dünen immer höher werden. Seine Wurzeln durchdringen den Sand und verhindern so, dass der Sand vom Wind wieder weggetragen wird. In größerer Entfernung vom Strand wachsen in den Dünen auch Büsche, Moose und viele Wildblumen.

### Ein Watt

bildet sich nur an geschützten Flachküsten und Flussmündungen aus. Sehr oft fangen vorgelagerte Inseln die Brandung ab. Die Wellen lagern bei Flut nicht nur Sand, sondern auch feinere Gesteinsteilchen und Ton, den Schlick, ab. So entstehen die weichen Wattböden.

### Habt ihr gewusst,

 dass die Küsten der Weltmeere (einschließlich der Inseln) aneinandergereiht 400.000 Kilometer lang sind?

 dass es sogar an den Polarmeeren Sandstrände gibt?

# Wie kommt das Salz ins Meer?

Papa sieht irgendwie zufrieden aus. Der Sonnenschirm steht und

wackelt nur ein bisschen. Die Badelaken sind ausgebreitet, die Luftmatratzen aufgepumpt. Mama cremt Vivi den Rücken ein. Sassa strampelt im Schatten und lutscht an ihrer gelben Ente. Chica liegt wie ein Bodyguard neben ihr und hechelt und hechelt. Mir ist auch heiß. Ich ziehe mein Bayern-München-T-Shirt aus und reibe mich mit Sonnencreme ein.

„So", sagt Mama, „Sassa und ich geh'n jetzt schwimmen!"

„Auf die Plätze, fertig ...", ruft Papa und alle rennen los. Autsch! Der Sand ist heiß an den Füßen! Hinein ins Wasser! Hui! Die Wellen sind einfach klasse!

Sassa thront mit ihren gelben Schwimmflügeln wie Miss Piggy in ihrem Marienkäferplastikboot. Chica rast den Wellen hinterher und bellt begeistert.

Hups, fast hätte mich eine hohe Welle umgerissen! Was ist mit Vivi? Sie reibt sich die Augen und verzieht den Mund. Offensichtlich hat sie Salzwasser geschluckt. „Jihh!", kreischt sie und spuckt. Jetzt fragt sie sicher gleich, wie das Salz ins Meer kommt ...

### Meerwasser

enthält im Durchschnitt 35 g gelöste Mineralsalze pro Liter Wasser. Das Salz ist schon lange im Meer. Bereits vor vielen Millionen Jahren wurde es durch Verwitterungsprozesse und Regen aus Felsgestein herausgelöst, in Bäche und Flüsse gespült und ins Meer transportiert. Dort verdunstete das Wasser teilweise wieder, aber das Salz blieb zurück.

Die Salze machen das Meerwasser dichter als Süßwasser. Und dichteres Salzwasser trägt schwimmende Körper besser. Deshalb können Anfänger im Salzwasser besser schwimmen als im Schwimmbad oder Badesee.

### Wo können auch Nichtschwimmer schwimmen?

Im Toten Meer! Das Tote Meer ist allerdings gar kein Meer, sondern ein salzhaltiger See. Er enthält bis zu 280 g Salz pro Kilogramm Wasser!

## Becherlupenaktion 1:
## Wir untersuchen Salzkristalle

**Ihr braucht:**

- 2 Gläser
- 1 kleinen Teller
- Meerwasser
- 1 langen Baumwollfaden
- 1 Becherlupe

**So wird's gemacht:**

Füllt die Gläser mit Meerwasser und stellt sie an einer geschützten, sonnigen Stelle links und rechts neben den Teller. Verbindet die Gläser mit dem Faden; beide Fadenenden müssen tief ins Wasser reichen. Dann heißt es einfach abwarten.

Das salzige Meerwasser wird am Faden emporsteigen und durch die Wärme der Sonneneinstrahlung verdunsten. Die Wasserteilchen steigen in die Luft, die Salzkristalle bleiben am Faden zurück. Nach 1-2 Tagen könnt ihr sie erkennen und mit der Lupe betrachten. Probiert mal: Schmecken sie wirklich salzig?

# Wind und Wellen – die Gezeiten

Die Hitze macht ganz schön durstig. Mama holt Mineralwasser aus

der Kühltasche. Ich nehme einen Schluck. Und noch einen. Mmmhm, das tut gut!

Sassa schläft im Schatten unter dem Sonnenschirm. Chica auch.

Mama liest. Vivi backt Sandkuchen. Papa schnorchelt. Alle sind beschäftigt.

Und ich? Ich sitze auf meinem grün gestreiften Badelaken, grabe meine Füße in den feuchten Sand und schaue hinaus aufs Meer. Es ist still. Nur die Wellen rauschen. Ich lausche den Geräuschen und beobachte, wie sich die Meeresoberfläche bewegt!

Ist es windstill, sieht das Meer spiegelglatt aus.
Bläst ein leises Lüftchen über die Meeresoberfläche, bilden sich kleine Kräuselwellen.
Weht eine kräftige Brise, erkennt man Wellen mit weißen Schaumkronen.
Weht der Wind stärker, schiebt er hohe Wellen vor sich her.
Bei einem Sturm bäumen sich die Wellen meterhoch auf und überschlagen sich.
Bei einem Orkan können sie bis zu 20 m hoch werden!

An manchen Meeren kann man noch andere Meeresbewegungen beobachten: Ebbe und Flut.

Bei Ebbe wird das Wasser am Strand flacher, das Meer zieht sich zurück, der

*Ebbe*

Wasserspiegel sinkt. Manchmal fallen dabei weite Teile des Strandes trocken. Bei Flut überspült das Meer wieder den Strand, das Wasser wird tiefer, der Wasserspiegel steigt.

*Flut*

Jede Ebbe und jede Flut dauert etwa sechs Stunden. Ebbe und Flut nennt man auch die Gezeiten oder Tiden. Sie werden nicht vom Wind, sondern vom Mond gesteuert, der die Wassermassen auf der Erde in seine Richtung zieht.

Auf einer Gezeitentafel kann man ablesen, an welchem Tag und zu welcher Uhrzeit man mit Hoch- und Niedrigwasser (Ebbe und Flut) rechnen muss.

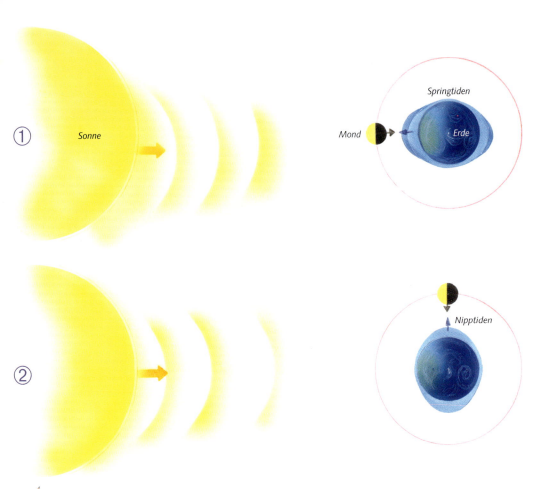

Wenn Sonne und Mond sich **wie in Abbildung 1** in einer Linie befinden, entstehen Springtiden, das heißt eine sehr hohe Flut und eine sehr niedrige Ebbe.

Wenn der Mond dagegen im rechten Winkel zur Sonne steht **(Abbildung 2)**, entstehen Nipptiden. Dann sind die Unterschiede zwischen Ebbe und Flut nicht so stark ausgeprägt.

Stellt euch mal vor: Ihr sitzt friedlich auf einem Felsvorsprung. Plötzlich rollt eine riesige Welle über euch hinweg und reißt euch in die Tiefe des Meeres ... Klingt gruselig, passiert aber selten. Trotzdem, aufpassen schadet nichts. Das Meer kann unberechenbar sein. Die internationalen Baderegeln muss man einfach kennen. Und auch die fünf Gebote für Strandforscher!

### Internationale Baderegeln:

 grüne Flagge: Baden erlaubt!

 gelbe Flagge: Aufpassen, hohe Wellen!

 rote Flagge: Baden verboten!

 lila Flagge: Meeresverschmutzung, Baden verboten!

### Die fünf Gebote für Strandforscher:

**1.** Meidet grundsätzlich alle Küstenbereiche mit gefährlichen Strömungen oder hohen Wellen!

**2.** Geht nie allein und nur mit Erlaubnis der Eltern auf eine Strandexpedition! Lasst euch von Freunden, älteren Geschwistern oder – besser noch – von einer erwachsenen Person begleiten!

**3.** Sagt euren Eltern immer, wo genau ihr euch aufhaltet und wann ihr zurückkehrt!

**4.** Achtet auf die Gezeitentafel und nehmt eine Uhr mit! Wagt euch bei Ebbe nicht zu weit hinaus! Die Flut könnte euch überraschen, wenn ihr beim Sammeln die Zeit vergesst!

**5.** Nehmt eine Trillerpfeife als Notsignal mit, aber nutzt sie nur im Notfall!

# Es war einmal ein Segelschiffchen ...

Da! Ich habe etwas entdeckt! Ein Segelschiff am Horizont! Es schaukelt in den Wellen, wird kleiner und kleiner und verschwindet allmählich ganz aus dem Blickfeld. War es ein Fischerboot? Oder ein Piratenschiff? Segelt es zum nächsten Hafen oder weit hinaus aufs offene Meer? Vielleicht sogar rund um die Welt?

Ihr wisst ja: Die Erde ist eine riesige Kugel. 70,8 % der Erdoberfläche ist von Wasser bedeckt. Papa hat mir eine Karte gezeigt, auf der die Erde flach dargestellt ist. Hier, seht ihr? Alles Blaue ist Wasser! Die Namen der Ozeane habe ich mir gemerkt:

Der **Pazifische oder Stille Ozean** liegt zwischen Asien, Australien und Amerika.

Tiefste Stelle: 11.033 m

Der **Atlantische Ozean** liegt zwischen Amerika, Afrika und Europa und wird im Süden von der Antarktis begrenzt.

Tiefste Stelle: 9.219 m

Der **Indische Ozean** erstreckt sich zwischen Afrika, Asien und Australien, im Süden bis zur Antarktis.

Tiefste Stelle: 7.450 m

Der **Arktische Ozean** liegt am Nordpol, der **Antarktische Ozean** um die Antarktis, auf der der Südpol liegt.

Die Teile der Ozeane, die ganz oder teilweise von Festland umgeben sind, nennt man Nebenmeere. Die Nordsee zum Beispiel ist so ein Nebenmeer.

Mittelmeere sind durch große Landmassen umschlossen und durch Meerengen mit den anderen Ozeanteilen verbunden. Wie man auf der Karte sieht, stehen alle europäischen Nebenmeere und das Mittelmeer mit dem Atlantischen Ozean in Verbindung.

Die Meere sind immer in Bewegung. Wind und Wetter formen Wellen und treiben riesige Wassermassen durch die Ozeane. Kalte Meeresströmungen fließen zum Äquator, warme in Richtung Nord- oder Südpol. So wird das Wasser der Ozeane ständig umgewälzt.

Die Meeresströmungen entstehen durch Winde und Unterschiede in Temperatur und Salzgehalt. Das kalte Wasser von den Polarmeeren ist dichter und schwerer als warmes Wasser. Es fließt deshalb am Grund der Ozeane. Durch Wärmeeinstrahlung dehnt sich das Wasser aus. Es wird leichter und steigt in kälterem Wasser nach oben. Deshalb strömt warmes Wasser aus der Äquatorregion und den tropischen Meeren an der Oberfläche.

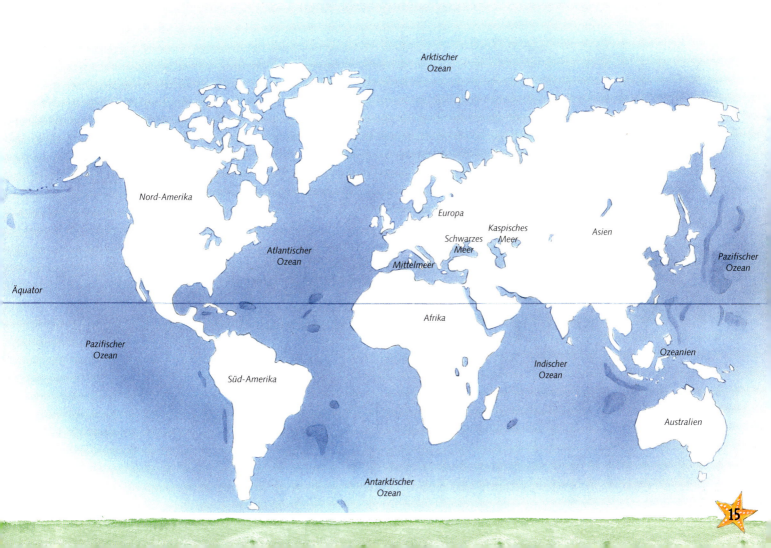

# Feiner Sand und bunte Kiesel

Ich mag Sand. Wenn man ihn durch die Finger rieseln lässt, kann man die feinen Körnchen auf der Haut spüren. Mit Papa buddel ich am liebsten … Er ist der beste Sandburgenbaumeister, den ich kenne.

In den oberen Schichten ist der Sand meistens trocken. Gräbt man tiefer, wird er feucht. Über den trockenen Sand kippe ich einen Eimer Meerwasser, dann lässt er sich besser bearbeiten. Super! Jetzt hat die Burg schon einen Burggraben und vier Türme! Papa klopft die Wände mit der Schaufel glatt. Vivi sammelt Muscheln, um sie zu verzieren. „Putt, putt", kreischt Sassa. He! Was soll das? Kleine Schwestern sind echt noch schlimmer als große! Die schöne Burg! Papa schnappt unser Minitrampelmonster und lässt es vor Mama in den Sand plumpsen. Ich finde, Mädchen sollten lieber Sandkuchen backen. Sie gehören einfach nicht auf eine Baustelle. Vor allem, wenn sie noch Windeln tragen.

**Sand**

besteht aus winzigen Steinchen, die das Meer von den Felswänden gelöst und fein abgeschliffen hat. Auch Flüsse, die ins Meer münden, lagern an den Küsten Sand ab, den sie mit sich führen. An tropischen Küsten enthält der weiße Sand außerdem zu großen Teilen verwitterte Skelette von Korallen und ausgebleichte Bruchstücke von Schnecken- oder Muschelschalen, die von der Kraft der Wellen fein zermahlen wurden.

## Becherlupen-Aktion 2: Wir untersuchen Sand

### Ihr braucht:

- 1 Becherlupe
- Sand vom Strand
- 1 oder mehrere Siebe in unterschiedlichen „Maschenweiten"
- Sandförmchen

### So wird's gemacht:

Falls ihr ein oder mehrere Siebe und Plastikförmchen habt, fangt an zu sieben. So lassen sich die feinen Sandkörnchen von den mittleren und den groben Sandkörnchen trennen. Füllt zuerst einen Teil der groben Sandkörnchen in die Becherlupe und betrachtet die Einzelteile genau. Was kann man erkennen?

Besteht der Sand nur aus winzigen Steinchen?

Oder entdeckt ihr auch abgeschliffene Teile von Korallen, Muscheln und Schneckenschalen? Haben sie dieselbe Farbe wie das Küstengestein? Durchsichtige, gelbe, milchigweiße oder rosafarbene Körner könnten aus Quarz bestehen, dunkelgraue aus Feldspat, glitzernde aus Glimmer.

### Am Kiesstrand

kann man zwar keine Sandburgen bauen, aber die flachen Kieselsteine lassen sich zu tollen Mauern, Türmen, Dörfern und Städten aufschichten. Und für Schatzsucher gibt es hier besonders viel zu entdecken.

Die Kiesel stammen meist aus dem Felsgestein der Küste. Die Kraft der Wellen schmirgelt sie rund und glatt. Wollen wir welche sammeln?

### Kennt ihr Bernstein?

Bernstein ist hellgelb, durchsichtig orange bis braun gefärbt. Sehr oft sind kleine Insekten oder Pflanzenteile in den Stein eingeschlossen. Wisst ihr, wie das passiert ist? Irgendwo, irgendwann in der Tertiärzeit (vor 65-2,5 Millionen Jahren) tropfte Harz von einem Nadelgehölz (einer Fichte, Kiefer oder Tanne) und umhüllte ein Insekt, das zufällig am Baumstamm herumkrabbelte. Das flüssige Harz erstarrte im Lauf der Zeit.
Und jetzt stellt euch mal vor: So einen Bernstein könnt ihr mit etwas Glück am Strand der Nord- und Ostseeküste, aber auch an anderen Meeren, wie z. B. am europäischen Mittelmeer finden!

Unscheinbar gefärbte, aber ungewöhnlich geformte Steine und Kiesel kann man blank waschen, trocknen und mit Wasser- oder Plackafarben bemalen. Wenn man sie noch mit Zaponlack überzieht, glänzen sie ganz besonders schön.

Kleine, runde Steinchen können rot bemalt wie echte Kirschen aussehen, größere wie Äpfel oder Apfelsinen. Länglich geformte oder krumme lassen sich in Bananen oder Karotten verwandeln. Am liebsten pinsle ich auf die Steine ein Fell und verwandle sie in Tiere wie z. B. Mäuse, Füchse oder Schweinchen. Lila Monster sind auch nicht schlecht.

Vivi verziert gerade einen großen runden Stein mit schönen Mustern. Er sieht nicht schlecht aus, ihr Briefbeschwerer für Oma.

ten kann. Er ist nur ungefähr 1,5 cm lang, kann aber über 30 cm, manchmal bis zu einem Meter weit springen. Tagsüber vergräbt er sich im feuchten Sand. In der Dämmerung kommt er heraus und wandert zur Nahrungssuche am Strand entlang. Abgestorbene Teile von Pflanzen, Tieren und Algenreste schmecken ihm gut.

Wenn man die angeschwemmten Tangstücke schüttelt, fallen die Strandflöhe heraus, die sich in den feuchten Wedeln verkrochen haben. Da schaut her, schon wieder einer!

### Da hüpft doch was ...

nämlich der Strandfloh, ein Vertreter der Flohkrebse, den man häufig am Spülsaum von Sandstränden beobach-

# Wälder und Wiesen unter Wasser

Papa ist in seinen Krimi vertieft. Mama macht mit Vivi und Sassa einen Strandspaziergang. Keiner beachtet mich. Flugs ziehe ich die Geldbörse aus der Hosentasche, knipse sie vorsichtig auf und entfalte das Papier. Was steht da?

„Löse das Rätsel und du wirst erfahren, wo sich der Schatz befindet. Aus den schwarz umrandeten Buchstaben ergibt sich ein Lösungssatz. Er wird dir die Stelle verraten, an der der Piratenschatz versteckt ist." Merkwürdig. Ein Kreuzworträtsel! Damit soll ich einen Schatz finden?

„Meerespflanze ohne Wurzeln ..." Ganz schön schwierig, diese Fragen ...

Oh, da kommt Vivi angerannt. Im Nu lasse ich Geldbörse und Schatzkarte wieder verschwinden. Schwestern müssen schließlich nicht alles wissen.

„Schau mal!", Vivi breitet ihre Fundschätze auf einem großen Stein aus. Es sind seltsame Pflanzen, grün, braun, rot und rotviolett gefärbt. „Algen", sagt Mama.

Mir gefallen vor allem diese zarten, verzweigten Büschelchen in hellblau, gelb oder dunkelrot oder weiß. Was kann das bloß sein?

### Algen

sind Pflanzen, die im Meer in vielen Formen und Farben vorkommen. Bisher sind ungefähr 22.000 verschiedene Arten bekannt. Auf der Wattoberfläche sind sie meist goldbraun oder gelblich, auf Felsen oft grün.

Die Algen, die Vivi entdeckt hat, können meterlang werden! An der Luft trocknen sie im Nu aus und verändern ihre Farbe. Die großen, mit Haftorganen am felsigen Untergrund festgewachsenen Braunalgen nennt man auch Tange. In manchen Meeren bilden sie riesige Unterwasserwälder mit bis zu 60 m langen Wedeln!

Die Tangwedel kann man ernten und als Nahrungsmittel, Tierfutter, Düngemittel, Kompost und zur Erzeugung industrieller Produkte (z. B. Kosmetika, Pudding oder Speiseeis) verwenden. Einige Rot- und Braunalgen schmecken gut und sind sehr gesund. In Ostasien kocht man daraus leckere Gerichte.

## Seegras

sieht aus wie Gras. Es wächst aber nicht an Land, sondern im Meer auf Sandböden. In den Weltmeeren treten nur ca. 40 Arten auf.

Manchmal lösen sich einzelne Seegrasblätter ab. Die Wellen rollen sie zusammen, hin und her, bis sie verfilzen und kugelförmige Gebilde entstehen. Mit der Flut werden die Seegrasbällchen an den Strand geschwemmt. Vor allem an den Sandstränden des Mittelmeers findet man sie häufig.

Seegrasblätter lassen sich als Füllmaterial, Dünger, Futterzusatz oder zur Papiererzeugung verwenden. Meistens werden sie aber nicht geerntet, sondern einfach am Strand aufgesammelt.

## Wir basteln Halsketten für Meeresprinzessinnen

### Ihr braucht:

- 1 Schere
- 1 dicke Nähnadel
- Schmirgelpapier (falls vorhanden)
- mehrere Fangschnüre des Blasentangs (am Spülsaum suchen!)
- Faden

### So wird's gemacht:

Schneidet mit der Schere die Schwimmblasen aus. Durchbohrt die noch feuchten „Perlen" mit einer Nadel und legt sie in die Sonne. Nach dem Trocknen kann man sie mit Schmirgelpapier glatt polieren und auffädeln.

Vivi hat ihre Barbiepuppen in Meerjungfrauen, in kleine Nixen verwandelt. Sie hat einfach die Beine mit Tang umwickelt. Nun sieht es aus, als hätten die Puppen einen Fischschwanz. Gerade buddelt sie für die Nixe mit den langen blonden Haaren ein großes Loch in den feuchten Sand und schüttet eimerweise Meerwasser hinein. Soll das ein Swimmingpool werden oder was?

### Kunstwerke aus Flechten

sind schnell gemacht. Man legt die flachen Flechtenzweigchen zunächst zwischen Zeitungspapier und das Zeitungspapier zwischen einen Stapel dicker Bücher. Nach ein paar Tagen sind die Flechten flach gepresst und lassen sich auf einem Fertigrahmen aus Holz (z. B. von IKEA) dekorativ anordnen und festkleben. Fertig.

# Wer hat Kiemen, wer hat keine?

Vivi hat zwischen den angespülten Tangwedeln einen winzigen toten Fisch gefunden. Sie hat ihn am Strand feierlich beerdigt und sein Grab mit vielen Steinchen und Blümchen geschmückt. Typisch Mädchen. Jetzt will sie von Mama wissen, ob der Fisch vielleicht ertrunken ist. Und wa-rum. Und wie Tiere im Salzwas-ser überhaupt atmen können. Oh Mann, die stellt Fragen! Aber sie ist e-ben erst sechs. Ich weiß, dass Landtiere mit Lungen und Wassertiere mit Kiemen atmen. Und wenn man Kiemen hat, dann kann man im Wasser doch nicht ertrinken, oder?

Die Kiemen der Meerestiere sehen nicht alle gleich aus und befinden sich auch nicht immer an derselben Stelle. Beim Fisch liegen sie seitlich hinter dem Kopf, glaube ich, unter den Kiemendeckeln. Bei den Krabben, weiß ich's nicht so genau. Aber Moment mal ... Haben die überhaupt Kiemen? Und die Muscheln? Hmm ... Welche Tiere leben überhaupt im Meer? Ich glaube, ich muss mal kurz Papa interviewen ...

### Im Meer

leben über 200.000 bisher bekannte und beschriebene Tierarten.

### Was ist eine Art?

Eine Art ist eine Fortpflanzungsgemeinschaft. Wenn ein Tiermännchen und ein Tierweibchen zusammen Junge kriegen können, kann man fast immer sicher sein, dass beide derselben Art angehören.

Der Blauhai ist eine Tierart, der Kleine Katzenhai eine andere. Ein Blauhaimännchen kann mit einem Katzenhaiweibchen keine Junge kriegen, nur mit einem Blauhaiweibchen.

Verwandte Arten fasst man zu Gattungen, Gattungen zu Familien, Familien zu Ordnungen, Ordnungen zu Klassen und Klassen zu Stämmen zusammen.

### Wie atmen Meerestiere?

Wenn wir einatmen, nehmen wir aus der Luft Sauerstoff auf und geben beim Ausatmen Kohlendioxid ab. Dazu haben wir (wie die meisten Landtiere) Lungen. Meeresbewohner wie z. B. Fische brauchen Sauerstoff zum Leben genauso wie Landtiere. Sie nehmen den Sauerstoff aber nicht aus der Luft, sondern aus dem Wasser auf. Fische benutzen als Atemorgane Kiemen. Sie bestehen aus zarthäutigen Kiemenblättchen, die gut durchblutet sind.

Beim Einatmen fließt das sauerstoffreiche Meerwasser in das geöffnete Maul. Die Kiemendeckelfalte ist dabei geschlossen. Wenn der Fisch die Kie-

mendeckelfalte öffnet, wird das Wasser ausgestoßen und strömt an den Kiemenblättchen vorbei. Das Blut in den Kiemenblättchen nimmt den Sauerstoff auf und gibt Kohlendioxid ab. Diesen Vorgang nennt man Gasaustausch. Beim Fisch kann er nur im Wasser stattfinden. An der Luft verkleben die Kiemenblättchen, das Tier kann nicht mehr atmen, es erstickt.

Kiemenatmung gibt es nicht nur bei den Fischen, sondern auch bei vielen anderen Meeresbewohnern. Borstenwürmer, Weichtiere, Krebstiere, Stachelhäuter, Manteltiere und Fische atmen mit Kiemen.

Wale, Robben, Delphine und Meeresschildkröten sind Nachkommen von Landbewohnern, die irgendwann vor vielen Millionen Jahren wieder zum Leben im Wasser übergegangen sind. Sie atmen deshalb wie alle Landwirbeltiere und der Mensch mit Lungen.

# Harte Schale, weicher Kern

Massig Muscheln gibt es hier am Strand. Sassa hat ihren grünen Sandeimer bis an den Rand vollgeladen. Auch meine Tüte ist ganz schön schwer. Mama sagt, dass wir die Muscheln aussortieren müssen. Nur die Schönsten dürfen wir mit nach Hause nehmen. Gemein. Ich finde es besser, wenn man einen Vorrat hat. Man weiß nie, wozu man die Muscheln vielleicht noch einmal brauchen kann. Außerdem will ich mir doch eine Sammlung anlegen! Meine allertollste Muschel, die große mit dem Perlmuttschimmer, behalte ich aber auf alle Fälle, die darf mir keiner wegnehmen! Auch die beiden Porzellan-Schneckenschalen gebe ich nicht her. Sie sind eng verwandt mit den Kauri-Schnecken. Und die waren früher in Neu-Guinea ein Zahlungsmittel. Wenn ein Mann heiraten wollte, musste er der Familie seiner Braut Kauri-Schnecken als Brautpreis bezahlen. Miesmuscheln werden leider nirgendwo als Geld verwendet. Schade, sonst wäre ich jetzt reich!

Die Muschel- und Schneckenschalen fühlen sich ziemlich hart an. Aber die darin lebenden Tierchen sind weich. Man nennt sie Weichtiere, weil sie keine Knochen, kein festes Innenskelett haben. Die starre äußere Schale schützt vor Verletzungen und Angriffen.

In der Hosentasche habe ich auch noch ein paar Gehäuse von Strandschnecken. Mal fühlen ... Oh, was ist das? Die Schatzkarte! Fast hätte ich sie vergessen. Vielleicht kann ich heute Abend im Bett das Rätsel endlich lösen ...

## Meeresschnecken und Muscheln

sind kiemenatmende Weichtiere. Ihr weicher Körper lässt sich in vier Teile untergliedern: Kopf, Eingeweidesack, Fuß und Mantel. Der Mantel ist so

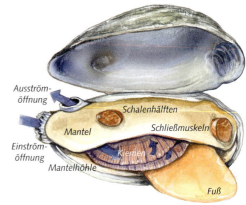

eine Art Hautfalte, die den Körper umhüllt. Er enthält Drüsenzellen, die auf der Rückenseite der Tiere eine Schale ausbilden. Sie besteht aus Kalk und einem Eiweißstoff, dem Conchiolin.

## Im Schneckentempo

kriechen die meisten Meeresschnecken durch wellenförmige Bewegung der Fußsohle vorwärts. Damit das Kriechen erleichtert wird, scheiden sie Schleim aus. Bei Gefahr ziehen sie sich in ihr Gehäuse zurück.

Auch manche Muscheln können sich mit ihrem Fuß fortbewegen, in den Boden eingraben und dort festhalten. Die meisten Arten sind jedoch sessil

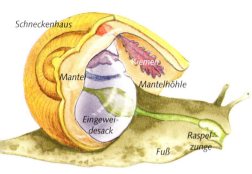

(festsitzend) und wechseln ihren Standort nur selten.

## Die Nahrungsaufnahme

von Schnecken und Muscheln ist unterschiedlich. Die meisten Muschelarten sind Filtrierer und ernähren sich von im Wasser schwimmenden Teilchen wie Algen oder abgestorbene Pflanzen und Tiere (= Detritus). Sie bewegen ihre in der Mantelhöhle liegenden Wimpern und erzeugen dadurch einen Wasserstrom. Das mit Nahrungsteilchen vermischte Wasser gelangt durch einen kleinen Spalt, die Einströmöffnung, in die untere Mantelhöhle. Bei Eintritt des Wassers in die Kiemen werden alle Nahrungsteilchen abgefiltert und zum Mund transportiert. Das verbrauchte Wasser und der Kot gelangt durch einen weiteren Schlitz, die Ausströmöffnung, nach außen.

Die meisten Meeresschnecken ernähren sich von Algen, die sie mit ihrer Raspelzunge, der Radula, von Felsen kratzen. Doch einige Arten leben räuberisch. Sie fressen vor allem kleine Krebse oder Muscheln.

## Zur Fortpflanzung

legen Schnecken und Muscheln Eier und Spermien ins Wasser ab. Aus dem befruchteten Ei schlüpft eine winzige Larve, die mit dem Plankton frei im Wasser herumschwimmt. Auf dem Rücken der Larve sind die Anlage des Fußes, des Mantels und der Schale bereits erkennbar. Im Lauf der Entwicklung lässt sich die Larve auf den Boden fallen und wandelt sich zur Jungschnecke oder -muschel um.

## Die Gehäuse

Perlmutt nennt man die innere Schicht vieler Muschel- und Schneckengehäuse. Sie glänzt und schimmert in allen Farben. Manche Muschelarten wie z. B. die Echte Seeperlmuschel, die Auster, die Mies- und die Kammmuschel, bilden Perlen, wenn ein Fremdkörper (z. B. ein Sandkorn) in die Muschel gelangt. Der Mantel scheidet dann ein Sekret aus, das den Fremdkörper umhüllt und ihn abkapselt. Manche Perlen sind an der Innenschale festgewachsen, andere liegen frei.

## Die größte Muschel der Welt

passt nicht in die Becherlupe! Tridacna gigas, die Riesenmuschel, ist 1,5 m lang und wiegt bis zu 200 kg! Sie kommt in den Korallenriffen des Indischen und Stillen Ozeans vor.

## Becherlupenaktion 4:
## Wir untersuchen ein Schneckengehäuse

**Ihr braucht:**

- 1 Meeresschneckengehäuse
- 1 Becherlupe

**So wird's gemacht:**

Haltet zuerst das Schneckengehäuse mit der Spitze nach vorn vor das Gesicht. Bei rechts liegender Mündung ist das Haus rechtsgewunden, bei links liegender Mündung links gewunden. Als nächstes betrachtet ihr die Form: Ist sie mützen-, ohr-, kegel-, birnen-, schrauben-, keulen-, tonnen- oder eiförmig? Ist die Schale dunkel oder hell gefärbt? Wie sieht das Gehäuse außen, wie sieht es innen aus?

Legt jetzt das Schneckengehäuse in die Becherlupe und vergleicht es mit der Abbildung. Könnt ihr weitere Merkmale erkennen? Habt ihr bei eurem Schneckenhaus auch schon den Siphokanal am unteren Ende der Mündung entdeckt? Durch diese Öffnung konnte die Schnecke, als sie noch lebte, ihr Atemrohr (Sipho) vorstrecken.

*Gewinde*
*Mündung*
*Siphokanal*

## Becherlupenaktion 5:
## Wir untersuchen eine Muschelschale

**So wird's gemacht:**

Legt eine Muschelschale in die Becherlupe und vergleicht auch sie mit den Abbildungen. Welche Form hat die Schale? Ist sie diskus-, fächer-, paddel-, kernförmig, dreieckig oder langgestreckt?

**Ihr braucht:**

- 1 zweiklappige Muschelschale oder eine Muschelschalenhälfte
- 1 Becherlupe

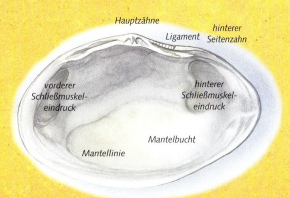

Hauptzähne · hinterer Ligament · hinterer Seitenzahn · vorderer Schließmuskeleindruck · hinterer Schließmuskeleindruck · Mantelbucht · Mantellinie

Findet ihr die Ansatzstellen der Schließmuskeln, mit denen die Muschel ihre Schale auf- und zuklappen kann? Könnt ihr auch Wirbel, Ligament, Schlossleiste und Zähne erkennen? Gratuliere! Wollt ihr vielleicht Weichtierforscher, Malakologe, werden?

# Krebse, Krabben, Krabbeltiere

Habt ihr schon mal versucht, eine Strandkrabbe zu fangen? Das ist gar nicht so leicht! Vorsichtig wie ein schwarzer Panther schleiche ich mich an, aber im Nu sind die schnellen Tiere in ihrem Sandloch verschwunden. Vor allem die kleinsten sind unheimlich flink. Habt ihr das gesehen? Schon wieder wetzt eine davon! Seitlich!

Ich habe in einem Buch gelesen, wie man Krabben anfassen muss, damit sie mit ihren kräftigen Scheren nicht zwicken. Man legt einen Finger auf den Panzer, drückt die Krabbe an den Boden und greift dann mit Daumen und Zeigefinger hinter den Scheren zu. Schnapp!

Nanu, da rennt ja eine Turboschnecke! Ne, Quatsch, die gibt's natürlich nicht! Es ist ein winziger Einsiedlerkrebs! Ich nehme ihn vorsichtig auf die Hand, sofort verkriecht er sich im Schneckenhaus. Keine Angst, mein Kleiner, ich tu dir doch nichts. Mal abwarten ... Ganz ruhig ... Jetzt scheint er sich etwas wohler zu fühlen, denn er streckt seine Beine wieder heraus. Es kitzelt, wenn er über meine Hand krabbelt. An den Vorderbeinen hat er zwar zwei Scheren, aber mich zwickt er nicht! So, du kommst jetzt erst mal in die Becherlupe!

## Krebse

kommen im Meer sehr zahlreich und in sehr unterschiedlichen Größen und Formen vor. Manche sind ganz winzig, schwimmen frei im Meer und ernähren sich von Algen. Andere werden riesengroß, bewegen sich überwiegend krabbelnd vorwärts wie z. B. Hummer, Taschenkrebs, Languste, viele Garnelen, Einsiedlerkrebse, Krabben.

Aber alle großen und kleinen Krebse haben gemeinsame Merkmale: zwei Paar Antennen (Fühler), ein hartes Außenskelett aus Chitin, gegliederte Beine (Spalt-, Blatt- oder Stabbeine) und Kiemen.

*Hummer*

Nach der Paarung legen die Weibchen Eier ins Wasser ab, aus denen winzige

Larven schlüpfen. Die Larven schwimmen im Meer frei herum, fressen, wachsen und häuten sich, lassen sich allmählich am Gewässergrund nieder und entwickeln sich schließlich zum erwachsenen Krebs. Bei der Häutung platzt der alte, harte Chitinpanzer. Der neue ist zunächst noch ganz weich.

### Krabben

sind bodenlebende Krebstiere, die sich ausschließlich laufend fortbewegen können wie z. B. die Strandkrabbe oder der Taschenkrebs. Sie haben einen abgeplatteten Körper mit rückgebildetem Hinterleib und fünf Paar Beine. Das erste Paar trägt kräftige Scheren, die zur Nahrungsaufnahme, zum Angriff und zur Verteidigung verwendet werden. Beim Kampf abgebrochene Scheren wachsen mit der Zeit wieder nach.

*Strandkrabbe*

Krabben atmen mit Kiemen. Wenn die Tiere an Land gehen, tragen sie in ihren Kiemenhöhlen einen kleinen Wasservorrat mit sich herum. An Land stellen sie sich von Zeit zu Zeit auf die Hinterbeine und recken das Vorderende steil nach oben. Dann treiben sie mit dem blattförmigen Anhang am Unterkiefer das Wasser aus den Kiemenhöhlen oben am Mund heraus, lassen es am Bauch nach unten und durch die Einströmöffnung wieder in die Kiemenhöhlen laufen. Diesen Vorgang nennt man Berieselungsatmung. Wenn der Wasservorrat zu Ende geht, können die Tiere zwar noch einige Zeit weiteratmen, dann müssen sie aber wieder zurück ins Meerwasser. Bei Ebbe graben sich die Krabben in den feuchten Sand ein oder verkriechen sich unter Pflanzen, um die nächste Flut abzuwarten.

### Habt ihr gewusst,

- dass sich Krabben vor-, rückwärts und seitlich fortbewegen können? Wenn sie flüchten oder in Eile sind, laufen sie immer seitwärts.

- dass ein Krabbenweibchen 2-3 Millionen Eier legen kann und diese auf der Bauchunterseite mit sich herumträgt?

dass die so genannte Nordsee-Krabbe, die man bei uns im Fischmarkt kaufen kann, gar keine Krabbe ist, sondern eine Garnele?

### Garnelen

haben einen seitlich zusammengedrückten Körper, fünf Paar Beine, einen gestreckten Hinterleib und einen Schwanzfächer. Die meisten Garnelenarten leben am Boden, einige können aber auch sehr gut schwimmen.

Shrimps sind meist Kaltwassergarnelen, die größtenteils aus der Tiefsee stammen.

Prawns sind in der Regel größer als Shrimps und Warmwassergarnelen, die heute in Indien, Ostasien und in den USA in Aquakulturen gezüchtet werden.

*Nordseegarnele*

### Einsiedlerkrebse

haben einen langgestreckten, weichhäutigen Hinterleib und leben in leeren Schneckengehäusen. Immer, wenn sie wachsen, müssen sie ihr altes Gehäuse verlassen und ein neues suchen. Vor dem Einzug wird jedes Gehäuse sorgfältig geprüft. Der Einsiedlerkrebs tastet das Schneckenhaus ab, wendet es hin und her und sucht das Innere nach Fremdkörpern ab. Dann steckt er probeweise seinen nach rechts gekrümmten Hinterleib hinein. Mit einem Greifhaken am Hinterende hält sich das Tier innen im Gehäuse fest. Aus der Öffnung gucken nur Kopf und Brust mit den Laufbeinen und den Scheren hervor. Bei Gefahr zieht sich der Krebs ins Gehäuse zurück und verschließt den Eingang mit seiner großen Schere, die er wie einen Deckel in die Gehäusemündung presst.

Zur Nahrungssuche begibt er sich mit seinem Gehäuse auf Wanderschaft. Viele Einsiedlerkrebsarten fressen Detritus.

**Becherlupenaktion 6:**
**Wie viele Beine hat eine Strandkrabbe?**

**Ihr braucht:**

- 1 Becherlupe
- 1 kleine Strandkrabbe

**So wird's gemacht:**

Legt eine kleine Strandkrabbe oder einen Taschenkrebs in die Becherlupe und vergleicht das Tier mit der Abbildung. Versucht, das Tier zu zeichnen!

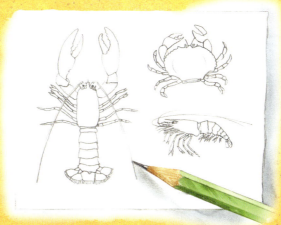

Das Rückenschild aller Krabben ist stark verbreitert und abgeflacht. Die beiden Antennenpaare sind kurz. Die gestielten Augen kann man meist nur erkennen, wenn man das Tier auf den Rücken legt.

Wie alle höheren Krebse haben Krabben fünf Beinpaare. Das erste Beinpaar hat kräftige Scheren, die auf beiden Seiten unterschiedlich groß sein können. Die größere Schere, die „Knackschere", wird zum Zerkleinern von Beutetieren genutzt.

# Von Quallen und Korallen

Gerade komme ich tropfnass aus dem Wasser. Und was muss ich da feststellen? Vivi hat am Strand auch eine Schatzkarte gefunden!

Mama tut auch ganz unschuldig. Aber ich glaube ihnen nicht so ganz. Ich trockne mich ab und ziehe erst mal mein weißes Batman-T-Shirt an. Wo sind die Murmeln? Ich will mir jetzt nämlich im feuchten Sand mein Wurfspiel aufbauen. Schade, dass mein Freund Paul nicht da ist. Mit ihm macht es natürlich mehr Spaß als allein. Oder mit Schwestern.

Vivi hat sowieso nur noch ihr Rätsel im Kopf und fragt Mama ununterbrochen aus.

He, Chica! Was machst du denn da? Igitt, geh bloß weg hier! Das sind Quallen! Noch nie was von Nesseltieren gehört? Du wirst dir noch die Schnauze verbrennen!

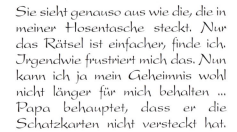

Sie sieht genauso aus wie die, die in meiner Hosentasche steckt. Nur das Rätsel ist einfacher, finde ich. Irgendwie frustriert mich das. Nun kann ich ja mein Geheimnis wohl nicht länger für mich behalten ... Papa behauptet, dass er die Schatzkarten nicht versteckt hat.

### Nesseltiere

nennt man alle einzeln oder im Stock lebenden Tiere, die viele mit Nesselzellen besetzte Tentakeln (Fangarme) haben. Manche Nesseltiere (z. B. Korallen oder Seeanemonen) sitzen fest auf dem Untergrund. Andere, die Medusen (auch Quallen genannt) schwimmen im offenen Meer frei herum.

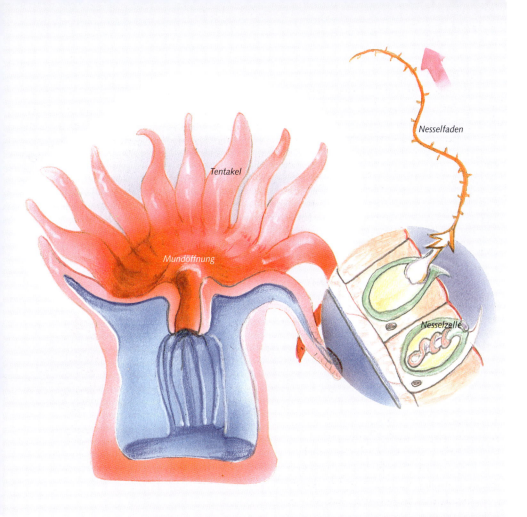

Die Tentakeln der Nesseltiere dienen zum Beutefang und zum Abwehren von Feinden. Bei Berührung öffnen sich die Nesselkapseln. Dabei wird ein aufgerollter Schlauchfaden herausgeschleudert, der ein nesselndes, lähmendes Gift absondert und in das Beutetier eindringt. Das vom Gift gelähmte Beutetier wird von den Tentakeln umschlungen und ins Mundrohr transportiert. Auch wenn ihr die Tentakel eines Nesseltiers berührt, gelangt Gift auf die Haut. Sie fängt an zu brennen, so ähnlich wie bei Berührung einer Brennnessel, nur sehr viel stärker.

### Vorsicht, Quallen!

Das Nesselgift der Quallen führt beim Menschen zu Hautreizungen und -rötungen mit beißendem, brennenden Schmerz. Die Haut kann anschwellen und Blasen bilden. Auch allergische Reaktionen sind möglich. In ernsten Fällen kommt es zu Schock, Brechreiz, Fieber, Krämpfen und Lähmungserscheinungen. Besonders gefährlich sind die zwischen 5-25 cm großen Würfelquallen, die in warmen Gewässern Nordaustraliens und Südostasiens vorkommen. Ihr Nesselgift ist sehr schmerzhaft und kann einen Menschen manchmal sogar töten. Die Tentakeln kleben auf der Haut und verursachen Verletzungen, die wie Brandwunden aussehen. An den Strand gespülte Nesseltiere darf man niemals berühren, denn die Nesselkapseln sind lange aktiv!

### Ganz harmlos

sind dagegen Quallen ohne Nesselkapseln, die Rippenquallen. Sie leben im Plankton der Hochsee. Viele besitzen Leuchtorgane.

### Erste Hilfe bei Hautverletzungen durch Quallen

Kontaktstellen nicht berühren, aber Tentakelreste sofort mit Meerwasser abwaschen. Kein Süßwasser oder Alkohol verwenden! Danach Haushaltsessig immer wieder langsam über die betroffene Stelle gießen. In leichten Fällen danach die Haut mit Antihistaminsalbe eincremen. Bei großflächigen Blasen und Schockreaktionen sofort den Notarzt rufen!

### Habt ihr das gewusst?

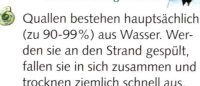

- Quallen bestehen hauptsächlich (zu 90-99%) aus Wasser. Werden sie an den Strand gespült, fallen sie in sich zusammen und trocknen ziemlich schnell aus.

- Die arktische Riesenqualle hat einen Schirmdurchmesser von mehr als 2 m!

- Die Fangarme der Gelben Haarqualle (Schirmdurchmesser 1 m) können 40 m lang ausgestreckt werden und sich dann wieder sekundenschnell zusammenziehen.

- Zu bestimmten Jahreszeiten treten Quallen oft in großer Zahl auf, dann verschwinden sie wieder.

# Kleine Wurmkunde

„Jiihh!", schreit Vivi. „Ein Ekeltier! Tu das weg!" Was hat sie bloß? Mädchen wissen gar nicht, wie schwer es ist, einen im Sand eingebuddelten Wattwurm zu erwischen. Ganz ruhig muss man als Wattwurmjäger vorgehen. Denn bei der kleinsten Erschütterung gräbt sich das Tier noch tiefer in den Sand ein. Ich versuche immer, zwischen den beiden Eingängen der Wohnröhre mit einem Spaten schnell in den Sand zu stechen. Dann untersuche ich den Sand, den ich auf der Schaufel habe. Der Wurm ist nicht immer leicht zu erkennen, weil an seinem schleimigen Körper Schlamm und Sandkörnchen hängen bleiben.

Papa sagt, viele nennen den Wattwurm auch Köderwurm, weil er oft von Fischern ausgegraben und als Angelköder verwendet wird. Er kommt im Mittelmeer, im Atlantik und natürlich im Wattenmeer der Nordsee vor. He Wurm, bleib da, ich will dich doch noch in der Becherlupe anschauen!

### Ringelwürmer

sind Tiere mit wurmförmigem Körper, der aus vielen außen und innen gleichgebauten Ringen besteht. So wie der Regenwurm, den ihr sicher alle kennt. Seine Haut ist drüsenreich und sondert Schleim ab. Die Körperringe tragen oft seitliche, auf Borstenfüßchen aufsitzende Borstenbündel. Ringelwürmer mit stummelförmigen, seitlichen Fortsätzen, die viele Borsten tragen, nennt man auch Borstenwürmer oder Vielborster. Manche bewegen sich kriechend und schwimmend fort, andere Arten leben sesshaft in Röhren und Gängen.

Zur Fortpflanzung geben die weiblichen Tiere Eier, die männlichen Spermien ins Wasser ab. Eine Paarung findet bei den meisten Arten nicht statt. Aus dem befruchteten Ei entsteht eine freischwimmende Larve, die Trochophoralarve, die sich nach und nach zu einem erwachsenen Ringelwurm entwickelt.

Der 25-30 cm lange Wattwurm (Arenicola marina) lebt im Sandwatt. Er baut uförmige Röhren, die bis zu 1 m lang sein können. Die Wände der Röhren sind durch Körpersekrete versteift und so vor dem Einstürzen geschützt. Der Wattwurm frisst Schlick oder Sand, der von oben in seine Wohnröhre rieselt, und verdaut die darin enthaltenen Tierchen, auch Algen und Detritus. Der Sand und alles andere Unverdauliche wird wieder ausgeschieden. Das Hinterende der Wohnröhren erkennt man bei Ebbe an den Kothaufen, das Vorderende an einem Einsturztrichter.

### Becherlupenaktion 7:
### Wir untersuchen einen Wattwurm

**Ihr braucht:**

- 1 Becherlupe
- einen lebenden Wattwurm, in Meerwasser gesäubert

**So wird's gemacht:**

Füllt wenig Meerwasser in die Becherlupe, sodass der Boden feucht ist. Legt den Wurm dazu und betrachtet ihn unter der Lupe. Vorne am Kopf befindet sich eine Art klebriger Rüssel, den die Tiere zur Nahrungsaufnahme in den Sand stecken. Der Körper besteht aus 25 Segmenten. Jedes Segment ist in fünf Ringe gegliedert. Die vorderen sechs Segmente tragen auf der Bauchseite jeweils zwei Borstenbündel. Sie dienen zur Verankerung des Tiers in der Wohnröhre. An den folgenden 13 Segmenten befinden sich die rotgefärbten Außenkiemen. Im anschließenden Schwanzabschnitt fehlen Borsten und Kiemen.

# Was piekst denn da?

Autsch! Das tut weh! Ich bin barfuß in einen Seeigel getappt. Ausgerechnet mir musste das passieren. Nun sitze ich wie ein Baby neben Mama und sie zieht mir mit der Pinzette die Stacheln aus der Fußsohle. Das ist nicht sehr angenehm. Zum Schluss sprüht sie ein Wunddesinfektionsmittel auf die Haut und macht einen Verband. Mindestens drei Tage darf ich nicht ins Wasser! Es ist zum Heulen.

„Das ist bald verheilt", sagt Mama und streicht mir über den Kopf. Chica schleckt meinen Arm ab. Sassa lässt mich von ihrem Müsliriegel abbeißen und Vivi bringt mir ihre Becherlupe mit einem winzigen Seestern, den sie am Strand gefunden hat. Manchmal sind Mädchen doch ganz brauchbar, finde ich.

Papa erzählt mir, dass die Seeigel mit den Seesternen verwandt sind. Beide sind Stachelhäuter, auch wenn man die Stacheln des Seesterns auf den ersten Blick nicht sieht.

Also eins weiß ich: Wenn ich das nächste Mal auf Strandexkursion gehe, ziehe ich Badeschuhe an!

### Stachelhäuter

sind Meeresbewohner mit fünfstrahlig gebautem Körper und einem Kalkskelett, auf dem Stacheln sitzen, wie bei den Haarsternen, Seegurken, Seeigeln, Seesternen und Schlangensternen. Die Stacheln können kurz und fein, ganz zurückgebildet oder aber als lange Nadeln ausgebildet sein. Ein weiteres Kennzeichen der Stachelhäuter sind die tentakelartigen Saugfüßchen, die zum Tasten, zur Fortbewegung und zum Festhalten dienen.

Seeigel und Seesterne sind getrenntgeschlechtlich, das heißt, es gibt männliche und weibliche Tiere. Zur Fortpflanzung geben die Tiere Eizellen und Spermien ab, die im Wasser verschmelzen. Aus den befruchteten Eiern schlüpfen winzige Larven, die im Meerwasser treiben.

## Seeigel

kommen vor allem in den flachen Zonen des Meeres vor. Manche Arten leben eingegraben im Sand, andere in Korallenriffen, Seegraswiesen, Tangwäldern oder auf Felsen.

Die meisten Arten fressen Aas oder Algen. Ihr Körper ist fast immer kugelförmig und außen bedeckt von Stacheln, die in alle Richtungen bewegt werden können. Der Mund des Seeigels ist dem Boden zugewandt, die Öffnung, die man von oben sieht, ist der After. Erst wenn man den Seeigel umdreht, erkennt man den Mund mit dem auffallenden Kauapparat.

Wenn beim Seeigel die Stacheln abgefallen sind, bleibt ein Innenskelett zurück. Es besteht aus starren, miteinander verbundenen Kalkplatten. Die verdickten Punkte sind die Ansatzstellen der Stacheln.

Die Greifzangen mancher Seeigelarten stehen mit Giftdrüsen in Verbindung und dienen der Abwehr von Feinden. Für Fische ist das Gift schon nach kurzer Zeit tödlich. Bei Menschen kann es kurzzeitige Lähmungserscheinungen hervorrufen.

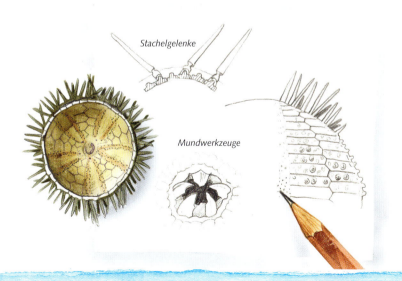

*Stachelgelenke*

*Mundwerkzeuge*

### Seesterne

haben einen abgeplatteten, sternförmigen Körper mit fünf Armen. Manchmal, aber selten, sind vier oder mehr als fünf Arme ausgebildet. Auf der Unterseite der Arme befinden sich viele Saugfüßchen, mit denen die Tiere sich fortbewegen können. Das Skelett besteht aus beweglichen Platten. Auf diesen Platten liegen, meist seitlich, kleine Stacheln.

Seesterne leben vor allem in der Küstenzone auf Sand-, Schlamm- und Felsböden, kommen aber auch in der Tiefsee vor. Es gibt gelb, rot, grün, blau und violett gefärbte. Die meisten sind Räuber. Viele Arten ernähren sich von Muscheln. Das Tier klettert auf die Muschel, saugt sich mit seinen Füßchen auf den Schalenhälften fest und zieht sie auseinander. Dann stülpt es seinen auf der Unterseite liegenden Magen über die Beute und sondert Verdauungssäfte ab, die das Muschelfleisch auflösen. Die flüssige, vorverdaute Nahrung wird dann „aufgeschlürft" und im Körperinneren zu Ende verdaut.

### Habt ihr das gewusst?

- Die kleinste Seeigelart hat einen Durchmesser von 5-7 mm, die größte 32 cm.

- Sogar im Meeresgrund der Tiefsee, in 7.300 m Tiefe, leben Seeigel.

- Seesterne werden zwischen 6 und 20 Jahre alt.

- Große Seesterne besitzen über 40.000 Füßchen!

- Wie schnell sich Seesterne fortbewegen können, hängt von ihrer Körpergröße und der Füßchenlänge ab. Tiere von ca. 12 cm Größe bewegen sich langsam. Sie legen in einer Minute nur 2-8 cm zurück.

- Einige Seesternarten können allein aus einem Armstück einen ganzen Seestern wiederherstellen. Man erkennt die Tiere an ihren ungleich langen Armen.

**Becherlupenaktion 8:
Wir betrachten die
Saugfüßchen eines Seesterns**

### Ihr braucht:

- 1 kleinen Seestern
- 1 Becherlupe

### So wird's gemacht:

Betrachtet Ober- und Unterseite des Seesterns unter der Lupe. Auf der Unterseite in der Mitte zwischen den Armen liegt der Mund, der After, die Ausscheidungsöffnung auf der Oberseite. Die Saugfüßchen befinden sich auf der Unterseite der Arme. Dreht den Seestern auf den Rücken, sodass ihr sie gut erkennen könnt. Aber passt auf, bald wird das Tier versuchen, sich wieder auf den Bauch umzudrehen!

In jedem der fünf Arme befinden sich zwei bis vier Reihen mit Saugfüßchen, die in einer Haftscheibe enden. Sie dienen zur Fortbewegung.

Die Augen des Seesterns befinden sich an den Spitzen der Arme. Es sind lichtempfindliche Zellen mit rotem Farbstoff, bei manchen Arten sind auch einfache Linsen ausgebildet.

# Licht und Leben tief im Meer

Puh, ist das heute heiß! Ich habe mir ein schattiges Plätzchen ausgesucht, ganz oben, auf den Felsen. Wenn man von hier aus hinab auf den blauen Ozean schaut, sieht man nichts als blaues Wasser. Von Tieren und Pflanzen keine Spur. Aber Papa sagt, dass das Meer ein riesiger Lebensraum ist. Milliarden von Lebewesen tummeln sich darin. Und jeder Bewohner hat irgendwo seinen Platz.

Manche leben nur an der Küste. Andere verbringen fast ihr gesamtes Leben im offenen Meer, wie viele Fische, Schildkröten, Quallen oder Kopffüßler. Wieder andere kommen nur am Meeresboden der Tiefsee vor. Jede Tier- und Pflanzenart ist an ganz bestimmte Lebensbedingungen angepasst. Salzgehalt, Licht, Wassertemperatur, Nährstoffgehalt, Wassertiefe, alles muss stimmen.

Eine im Eismeer lebende Fischart würde in einem warmen tropischen Gewässer einen Hitzeschock kriegen. Eine Herzmuschel, die sich in Sand eingräbt, könnte an der Felsküste nicht überleben. Und eine tropische Steinkoralle würde in der Tiefsee in den Schlamm einsinken und sofort ersticken oder erfrieren.

Wenn ich erwachsen bin, werde ich einen Tauchkurs machen wie Papa. Und dann erforsche ich den Meeresgrund. Nicht nur an der Küste, sondern auch weit draußen auf dem offenen Meer. Wie es wohl in der Tiefsee aussieht?

### Der Meeresgrund

ist keine gleichmäßig flache Platte, sondern sieht aus wie eine riesige Gebirgslandschaft mit hohen Bergen und ausgedehnten Tälern. Bis ungefähr 70 km von der Küste entfernt, auf dem Schelf oder Kontinentalsockel, ist das Meer meist nicht tiefer als 200 m. Man nennt diesen flachen Teil des Meeres Schelfmeer.

Am Kontinentalhang fällt der Meeresboden steil ab und geht dann in die Tiefsee-Ebene über. Hier, in der weit von der Küste entfernten Hochsee, ist das Meer zwischen 1.000 und 5.000 m, in den Tiefseegräben sogar mehr als 6.000 m tief.

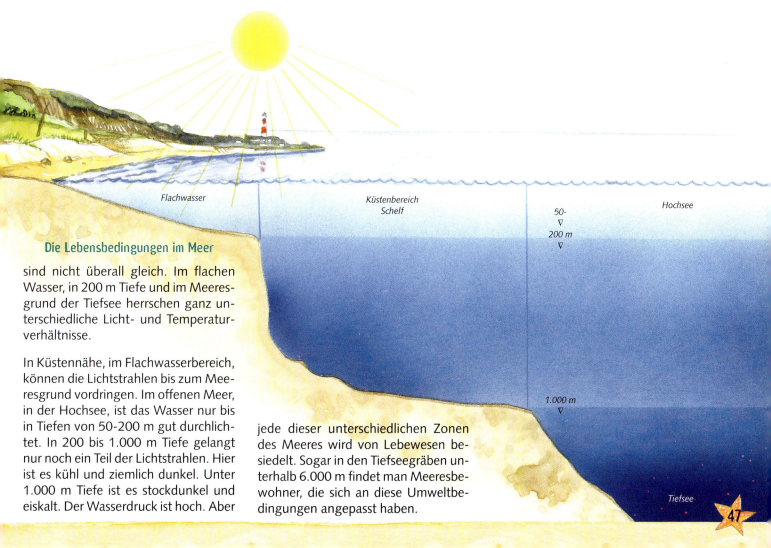

*Flachwasser*     *Küstenbereich Schelf*     *50-200 m*     *Hochsee*

*1.000 m*

*Tiefsee*

### Die Lebensbedingungen im Meer

sind nicht überall gleich. Im flachen Wasser, in 200 m Tiefe und im Meeresgrund der Tiefsee herrschen ganz unterschiedliche Licht- und Temperaturverhältnisse.

In Küstennähe, im Flachwasserbereich, können die Lichtstrahlen bis zum Meeresgrund vordringen. Im offenen Meer, in der Hochsee, ist das Wasser nur bis in Tiefen von 50-200 m gut durchlichtet. In 200 bis 1.000 m Tiefe gelangt nur noch ein Teil der Lichtstrahlen. Hier ist es kühl und ziemlich dunkel. Unter 1.000 m Tiefe ist es stockdunkel und eiskalt. Der Wasserdruck ist hoch. Aber jede dieser unterschiedlichen Zonen des Meeres wird von Lebewesen besiedelt. Sogar in den Tiefseegräben unterhalb 6.000 m findet man Meeresbewohner, die sich an diese Umweltbedingungen angepasst haben.

In den oberen, durchlichteten Wasserschichten des Meeres entwickelt sich Plankton, eine Lebensgemeinschaft aus mikroskopisch kleinen, im Wasser frei schwebenden Pflanzen und Tieren. Das pflanzliche Plankton, auch Phytoplankton genannt, treibt mit der Strömung auf der Meeresoberfläche. Es besteht aus einzelligen Algen und Cyanobakterien. Sie können mit ihrem grünen Blattfarbstoff Chlorophyll aus Wasser, Kohlendioxid, Nähr- und Mineralstoffen Zuckerverbindungen herstellen. Aber nur dann, wenn Sonnenlicht zur Verfügung steht. In der dunklen Tiefsee kann sich deshalb kein Plankton entwickeln.

Im Frühling, wenn die Sonneneinstrahlung zunimmt, kommt es im Meer oft zu so genannten „Algenblüten", eine Massenvermehrung von Algen, die zwei bis drei Wochen andauert. Ist ein Großteil der im Wasser gelösten Nährstoffe aufgebraucht, nimmt das Algenwachstum wieder ab.

Das tierische Plankton, auch Zooplankton genannt, besteht aus einzelligen Tierchen wie Wurzelfüßer, Geißel-, Wimpertierchen, aus Ruderfußkrebsen, Larven von Krebsen, Ringelwürmern, Seesternen, Kraken, Nesseltieren, Rippenquallen etc ... Sehr viele dieser Organismen ernähren sich von Phytoplankton. Im Frühling, zur Zeit der Algenblüten, finden die Tierchen besonders viel zu fressen und vermehren sich. Im Sommer ist ihre Dichte am höchsten.

*Mama hat eine gute Idee. Wir dürfen uns, wenn wir wieder zu Hause sind, aus Schuhschachteln ein Trockenaquarium basteln.*

*Ich will mir einen Tangwald basteln. Oder soll ich doch lieber ein Tiefseeaquarium machen?*

## Unser Trockenaquarium

### Ihr braucht:

- 1 leere Schuhschachtel
- 1 Schere
- Zeichenpapier, Buntpapier, Buntstifte oder Wasserfarben oder alte Zeitschriften mit Fotos von Meerestieren
- Nadel und Faden
- Tesafilm
- Klebstoff

### So wird's gemacht:

Bemalt eine Innenseite der Schuhschachtel wie einen Lebensraum im Meer. In die anderen Seiten schneidet ihr große Fenster. Dann schneidet Fische oder andere Meerestiere aus Zeitschriften aus, fotokopiert sie oder malt sie ab. Befestigt einen Faden an jedem Fisch und fädelt das andere Ende auf. Stoßt mit der Nadel durch das „Dach" eures Aquariums und befestigt das Fadenende mit Tesafilm. Klebt einen Buntpapierstreifen auf das Dach, damit man die Tesafilmstreifen nicht mehr sieht. Den Bodengrund des Aquariums könnt ihr mit Flechten, Korallen, Steinchen oder Sand dekorieren.

# Strandforscher im Einsatz

Endlich ist die Wunde am Fuß ganz verheilt und ich darf wieder ins Wasser. Juchu! Und das beste ist: Papa macht mit uns allen eine Strandexkursion! Heute scheint echt mein Glückstag zu sein.

Wir wollen den ganzen Strand untersuchen, nicht nur den Spülsaum. Denn an der Küste gibt es noch viele andere Plätzchen, an denen Tiere wohnen können: Sand, Watt, Felsen, Gezeitentümpel, Seegraswiesen, Algenwälder ... Wir spielen, wir wären Meeresforscher. Vivi hat eine große Tüte mitgebracht. Mama einen Wassereimer und Papa hat ein Unterwassersichtrohr gebastelt. Damit können wir auch größere Tiere unter Wasser beobachten. Bekanntlich lassen sich die nicht so gern in die Becherlupe stopfen ...

Ich muss mich beeilen. Papa hat schon seinen Sonnenhut aufgesetzt. Ich freu' mich schon so.

He, Chica, nicht einfach losrennen! Wartet auf mich, ich muss nur noch meine Badeschuhe anziehen!

### Leben in der Gezeitenzone

Mit den Gezeiten verändern sich die Lebensbedingungen am Strand: Bei Ebbe sinkt der Wasserspiegel. Felsen, Sand, Wasserlachen, Tangwälder und Seegraswiesen fallen teilweise trocken und erwärmen sich durch die Sonneneinstrahlung. Das Wasser verdunstet, die Salzkonzentration in den Wasserlachen nimmt zu. Manche Bereiche (z. B. Felsen) trocknen ganz aus, nur Salzkrusten bleiben zurück.

Bei Flut steigt der Wasserspiegel wieder, kühles, nährstoffreiches Meerwasser strömt ein, die Wellen schlagen gegen den Strand. Die Wassertemperatur sinkt, die Salzkonzentration nimmt wieder ab.

Die Küstenbewohner haben sich gute Tricks einfallen lassen, um die sich ständig wechselnden Lebensbedingungen aushalten zu können:

Seepocken können viel Feuchtigkeit in ihren Panzer einschließen und so die Trockenperioden überdauern. Bei Ebbe sind die oberen Klappen ihres Panzers geschlossen, bei Flut öffnen sie sich und das Krebstierchen streckt seine Ruderfüßchen heraus.

## Becherlupenaktion 9:
## Wir wecken Seepocken

### Ihr braucht:

- 1 Becherlupe
- eine Muschel, ein Stück Holz oder einen Stein, besetzt mit lebenden Seepocken

### So wird's gemacht:

Legt die Seepocken in die Becherlupe, gießt frisches, kühles Meerwasser dazu. Nicht zu viel, gerade so, dass die Tiere von Wasser bedeckt sind. Und nun wartet ab, was passiert. Öffnet die Seepocke ihre Klappen? Könnt ihr die Ruderfüßchen erkennen? Mit ihnen filtert die Seepocke Schwebstoffe aus dem Wasser.

Versucht die Ruderfüßchen zu berühren, sie ziehen sich dann sofort zurück und die Platten schließen sich wieder.

# Lebensraum Felsküste

Auf den Felsklippen am Strand haben wir jede Menge Grünzeug gefunden, ich meine Algen, Tang und so. Auch Seepocken, Miesmuscheln und Napfschnecken gab's in Massen. Papa hat uns erklärt, dass die Tiere und Pflanzen an der Felsküste nicht alle gleichmäßig verteilt sind. Manche Küstenbewohner kommen nur in den Bereichen vor, die auch bei Ebbe immer unter Wasser stehen. Andere halten kurzzeitige Trockenheit bei Ebbe besser aus und können deshalb auch die Gezeitenzone bewohnen. Jede Art lebt eben dort, wo es ihr passt, wo's was zu fressen gibt, wo sie nicht ausgetrocknet oder weggeschwemmt wird, wo sie Schutz findet vor Angreifern und wo's Platz gibt für Nachkommen.

### Habitat

nennt man den Platz, an dem eine Tierart die für sie besten Schutz-, Nahrungs-, Wohn- und Fortpflanzungsbedingungen findet. Wenn ihr lebende Tiere beobachten wollt, müsst ihr sie also in ihren Habitaten aufspüren.

## Becherlupenaktion 10: Wir untersuchen eine lebende Meeresschnecke

### Ihr braucht:

- 1 kleine lebende Meeresschnecke
- 1 Becherlupe

**So wird's gemacht:**

Füllt wenig Meerwasser in die Becherlupe, sodass der Boden feucht ist. Setzt die Meeresschnecke dazu. Entfernt die Wasserspritzer auf den Linsen mit einem sauberen, trockenen Tuch. Wartet kurz ab, bis das Tier sich beruhigt hat und betrachtet es dann. Könnt ihr Kopf und Fuß erkennen? Der Eingeweidesack ist gut geschützt durch das Gehäuse und ebenso wie Mantel und Mantelhöhle von außen nicht sichtbar.

Am Kopf der Schnecke kann man zwei Tentakeln (Fühler) erkennen. Sie dienen als Tastorgane und können eingezogen und ausgefahren werden. An und neben der Fühlerbasis, manchmal auch an der Spitze der Fühler, sitzen Augen. Ohren werdet ihr am Kopf der Schnecke nicht finden, denn Schnecken besitzen kein Hörorgan. Das lange Rohr, das manche Meeresschnecken oberhalb des Kopfes hervorstrecken, ist ein Atemrohr (Sipho). Vor allem die im Sand eingegraben lebenden Schneckenarten haben ein Sipho, das sie im Wasser in Strömungsrichtung ausstrecken können.

Der Fuß dient vor allem zum Anheften an den Untergrund oder zum Kriechen. Durch Ausscheidung von Schleim geht das Kriechen und Festhalten noch besser.

### Habt ihr auch schon eine lebende Meeresschnecke gefunden?

Nein? Dann sucht doch mal bei Ebbe im Spülsaum, an Felsen der Gezeitenzone und in Seegraswiesen nach diesen Arten:

**Nahrung:** Aas; nur manchmal greift das Tier auch lebende Tiere (z. B. Muscheln) an. Beim Beutefang lässt sich die Schnecke erst einmal auf der Muschel nieder und wartet. Sobald die Muschel ihre Schalen öffnet, schiebt die Wellhornschnecke ihren eigenen Gehäuserand dazwischen, sodass die Muschel ihre Schalen nicht mehr zu klappen kann. Mit einem langen Rüssel, der an der Spitze eine Raspelzunge trägt, zerreibt sie das Fleisch des Beutetiers und nimmt es in ihre Mundöffnung auf.

### Wellhornschnecke

**Gehäuse:** bis zu 12 cm hoch, weißlich bis gelblich grau; rauhe Oberfläche, mit feinen Längsrillen und ausgeprägten Querdellen

**Verbreitung:** Atlantik, Nord- und Ostsee

**Habitat:** auf Algen, Sand- und Schlammgrund; im Flachwasser und tiefer

**Besonderheiten:** Die Eiballen der Wellhornschnecke sehen so ähnlich aus wie Hummelnester. Oft findet man sie am Spülsaum. Leere Gehäuse werden oft von Einsiedlerkrebsen besiedelt.

### Gemeine Strandschnecke

**Gehäuse:** bis 3 cm hoch, grau bis bräunlich oder grünlich grau mit heller Spiralbänderung; Mündung innen braun; kurzkeglig spitz

**Verbreitung:** Mittelmeer, Atlantik und Nordsee

**Habitat:** Fels- und Sandküsten; an Gestein und Algen

**Nahrung:** Algen, Seepocken

**Besonderheiten:** Sie hat ein festes, verschließbares Gehäuse und kann problemlos einige Tage ohne Wasser auskommen. In manchen Regionen tritt sie massenhaft auf. Das Tier ist lichtempfindlich und kriecht bei zu starker Sonneneinstrahlung in den Schatten.

### Nordische Purpurschnecke

**Gehäuse:** bis 4,5 cm hoch, einfarbig weißlich bis gelblich oder dunkler längsgebändert, quergerieft; Mündung gezähnelt; mit Siphonalkanal, durch den sie ihr Atemrohr (Sipho) hervorstrecken kann

**Verbreitung:** Atlantik und Nordsee

**Habitat:** Felsküsten, auf Muschelbänken

**Nahrung:** Mit ihrer Raspelzunge bohrt sie Muscheln und Seepocken an und schlürft die Beute durch die Bohröffnung aus.

**Besonderheiten:** Die Purpurschnecken besitzen eine Drüse am Mantelhöhlendach, die ein farbiges Sekret absondert, das am Licht zuerst gelbgrün aussieht, später eine tief violette Farbe annimmt. Diesen Farbstoff verwendete man früher zum Färben von Stoffen. Auch als Gesichtsschminke, zur Färbung von Elfenbein und zur Herstellung der roten Tinte, die nur der Kaiser benutzen durfte, wurde das Sekret genutzt. Das kostete vielen Schnecken das Leben. Denn zur Gewinnung eines einzigen Gramms reinen Farbstoffs brauchte man fast 10.000 Schnecken!

# Eingegraben, tief versteckt

Vivi hat eine neue Freundin, Laura, vom Strandkorb nebenan. Die beiden wollen in der Sandbucht lebende Muscheln suchen, bei Ebbe natürlich. Papa hat ihnen erklärt, wo die Tiere leben. Sollen die Muscheln später zum Kochen verwendet werden, darf man aber niemals an verschmutzten Stellen (z. B. an Häfen) sammeln! Sonst isst man alle Schadstoffe, die die Muschel aus dem schmutzigen Meerwasser aufgenommen und in ihrem Körper angereichert hat, mit. Igitt!

Miesmuschelbänke findet man fast überall, an Sand- und Felsküsten. Am besten löst man die Tiere mit einem Messer ab.

Papa nimmt aber nur die großen. Die kleinen Muscheln lässt er zurück, damit sie nachwachsen können.

Essbare Herzmuscheln findet man nur an geschützten Sandbuchten oder im Watt. Achtet vor allem auf Buckel oder achtförmige Doppellöcher im Sand. Wenige Zentimeter darunter sind wahrscheinlich die Muscheln eingegraben. Mit einem Löffel kann man sie herausholen. Danach am besten in Meerwasser legen. So können sie den Sand ausstoßen, der noch in ihrem Körper ist.

Messermuscheln findet man nicht so einfach, denn sie graben sich ziemlich tief in den Sand ein. Ob sie sich wirklich mit einem Eisendraht herausziehen lassen oder an die Oberfläche bewegen, wenn man etwas Salz in die Grabröhre streut, habe ich noch nicht ausprobiert. Ihr könnt es ja mal versuchen!

## Becherlupenaktion 11: Wir untersuchen eine lebende Muschel

### Ihr braucht:

- 1 Miesmuschel
- 1 Becherlupe

### So wird's gemacht:

Füllt wenig Meerwasser in die Becherlupe, sodass der Boden feucht ist. Setzt die Miesmuschel dazu. Entfernt die Wasserspritzer auf den Linsen mit einem sauberen, trockenen Tuch. Wenn ihr Glück habt, öffnet die Muschel ihre Schale.

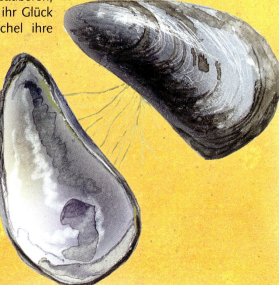

Bei den Muscheln weiß man oft nicht sofort, wo vorne und wo hinten ist. Denn den Kopf kann man kaum erkennen, er ist bis auf den Mundspalt zurückgebildet. Der Körper mit den Eingeweiden ist umschlossen vom Mantel, der innen mit Wimpern besetzt ist. Sie strudeln Wasser in die Kiemen. Am Hinterende liegen zwei Körperöffnungen: eine Einströmöffnung für das Atemwasser und eine Ausströmöffnung für verbrauchtes Wasser und Kot.

Bei manchen Arten bilden die Mantellappen am Hinterende röhrenförmige Fortsätze, die Siphonen. An ihrer Spitze liegen dann die Ein- und Ausströmöffnungen. Bei Muscheln, die sich in den Boden eingraben, sind die Siphonen die einzige Verbindung zum freien Wasser. Besonders lange Siphone haben Plattmuscheln. Die strecken sie an die Oberfläche und saugen das mit Nahrung (Detritus, Algen, Einzeller) vermischte Meerwasser wie ein Staubsauger ein.

Der Fuß der Muscheln ist finger-, zungen- oder beilförmig umgebildet. Mit seiner Hilfe kann sich die Muschel fortbewegen, in den Boden eingraben und dort festhalten.

### Miesmuschel

**Gehäuse:** Gehäuse bis 11 cm lang, häutige Außenschale schwarzbraun bis olivbraun; Innenseite der Schale silbrig weiß, am Rand dunkelbraun; bildet Byssusfäden aus und lebt in Kolonien

**Verbreitung:** Nord-, Ostsee, Nordatlantik bis Marokko und im Mittelmeer; Nordamerika, nördlicher Pazifik, Falkland-Inseln, Neuseeland

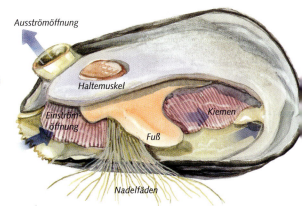

**Habitat:** an der Felsküste, an Steinen, Pfahlwerk, vom Gezeitenbereich bis in 50 m Tiefe

**Nahrung:** Plankton

**Besonderheiten:** essbar

**Habitat:** Sand, Schlick, in ungefähr 0-10 m Wassertiefe, gräbt sich ca. 5 cm tief ein

**Nahrung:** Algen, Plankton

**Besonderheiten:** essbar

### Gemeine Herzmuschel

**Gehäuse:** bis über 5 cm lang, Klappen stark gewölbt; Schale schmutzig weiß bis bräunlich; Oberfläche mit 22-28 Radialrippen, die von feinen Linien gequert werden

**Verbreitung:** Nordsee, westliche Ostsee, Nordnorwegen bis Westafrika, Mittelmeer, Schwarzes Meer

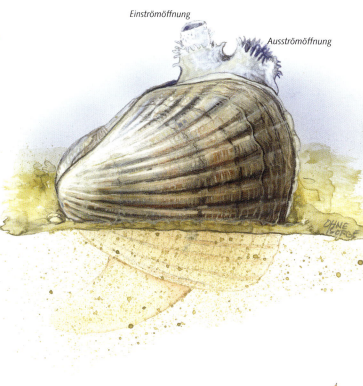

*Einströmöffnung*

*Ausströmöffnung*

# Müllkippe Meer

Wo ist denn die Becherlupe? Ach da! Ganz schön verdreckt nach unserer Strandexkursion gestern. Ich muss sie unbedingt mal wieder reinigen. Am besten geht's mit Seifenwasser und einem weichen Tuch. Man muss vorsichtig reiben, sonst verkratzen die Linsen und man sieht nicht mehr so scharf. Zum Schluss noch sorgfältig abtrocknen. Fertig.

Das Meer kann man leider nicht so leicht reinigen wie die Becherlupe. Obwohl es an manchen Stellen ziemlich schmutzig ist. Papa sagt, vor allem an den Küsten ist das Meer mit Schadstoffen belastet. Und in der Tiefsee sammelt sich auch so allerhand Dreck, den die Menschen im Meer abgeladen haben, sogar Atommüll!

Also wir nehmen unseren Abfall vom Strand immer mit nach Hause. Mama sammelt leere Flaschen, Papier, Dosen, Bananenschalen und so in einer Tüte. Zu Hause wird alles sortiert und dann entsorgt. Das Meer ist doch keine Müllkippe!

### Abfälle und Schadstoffe gelangen auf verschiedenen Wegen ins Meer:

- durch direkte Einleitung geklärter und ungeklärter Abwässer oder über verschmutzte Flüsse. Sie führen Düngemittel und giftige Pflanzenschutzmittel aus der Landwirtschaft, Abwässer aus Privathaushalten und aus der Industrie mit sich.

- durch Atomkraftwerke oder Wiederaufbereitungsanlagen, die an der Küste liegen. Sie verwenden Meerwasser als Kühlmittel und leiten so radioaktive Abwässer ins Meer.

- durch Schiffe, die Abfälle und Schadstoffe ins Meer ablassen.

Früher wurde Schlacke (das ist gebrannte Kohle) aus Dampfern über Bord geworfen, die auch heute noch immer den Bodengrund der Tiefsee bedeckt. Giftmüll aus der Industrie und radioaktive Abfälle werden in Behältern in der Tiefsee gelagert.

- durch den Regen, der Luftschadstoffe (Abgase von Autos, Haushalten, Industrie) ins Meer wäscht

- durch Erdölförderung im Meer. Die Ölquelle liegt tief im Meeresboden. Ölplattformen, die im Meer fest verankert sind, pumpen ständig tonnenweise Rohöl ins Meer ab. Durch undichte Stellen und Unfälle gelangt das Rohöl ins Meer. Es schwimmt auf dem Meerwasser und wird mit der Flut an die Küste gespült. Hier bildet es eine schmierige, schwarze Schicht.

- durch Tankerunfälle und Tankausspülungen auf See. Wenn ein mit Öl beladener Tanker im Meer versinkt oder seinen Tank ausspült, gelangt das Öl ins Meer und treibt auf die Küste zu.

Feste Abfälle wie Dosen, Papier, Flaschen, Plastik etc., die die Badetouristen am Strand hinterlassen, kann man sehen und aufsammeln. Die Verschmutzung des Wassers mit flüssigen oder gelösten Schadstoffen ist nicht immer sichtbar und oft nicht mehr rückgängig zu machen. Auch der Meeresgrund, auf den ständig Schwebstoffe und alle festen Gegenstände absinken, lässt sich nicht säubern. Öl schwimmt auf der Meeresoberfläche und wird von den Wellen an den Strand gespült. Dort bleibt es liegen und wird nur allmählich von Bakterien abgebaut. Viele Seevögel sterben, weil das Öl ihre Federn verklebt, andere Tiere sterben, weil sie das Öl mit der Nahrung aufnehmen.

### Habt ihr gewusst, dass

- jährlich sechs Millionen Tonnen feste Abfälle im Meer landen? Mehr als drei Viertel davon sind Kunststoffe.
- bereits 2 Milligramm Öl genügen, um in einem Liter Meerwasser die Hälfte aller Kleintiere zu töten?

### Vorsicht, Gift in der Nahrungskette!

Weil alle Lebewesen im Meer durch Nahrungsbeziehungen miteinander verbunden sind, können sich Schadstoffe in der Nahrungskette anreichern. Und das geht so: Ein verschmutzter Fluss führt giftige Stoffe ins Meer. Das Zooplankton nimmt diese Stoffe auf. Friedfische wie der Hering fressen das vergiftete Plankton und werden selbst von Raubfischen, z. B. wie dem Thunfisch gefressen. Den vergifteten Raubfisch verschluckt schließlich ein Endkonsument (z. B. der Hai – oder der Mensch).

Den Gehalt von Giftstoffen im Wasser kann man überwachen. Manche Meerestiere können dabei mithelfen. Man nennt sie Monitoring-Organismen. Das Wort „Monitoring" kommt aus dem Englischen und bedeutet Überwachung, Kontrolle.

Miesmuscheln sind solche Monitoring-Organismen. Sie werden mehrere Jahre alt, bleiben immer an derselben Stelle und ernähren sich größtenteils durch Ausfilterung großer Mengen an Meerwasser. Dadurch reichern sich die im Meerwasser gelösten Schadstoffe im Körper der Muscheln an. Bestimmt man die Menge an Schadstoffen, die sich im Muschelkörper befindet, weiß man auch, wie stark das Meer an dieser Stelle verschmutzt ist.

### Was ist Eutrophierung?

Jedes Jahr gelangen Millionen Tonnen Nitrate und Phosphate ins Meer. Phosphate stammen vor allem aus Waschmitteln und aus der Landwirtschaft, Nitrate und andere Stickstoffverbindungen aus häuslichen Abwässern, aus der Landwirtschaft (Dünger, Tierhaltung) und aus Verbrennungsprozessen (Abgase aus Motoren). In Kläranlagen wird ein Teil der Nitrate und Phosphate zurückgehalten, ein Großteil gelangt jedoch noch immer in die Flüsse und von dort ins Meer. Nitrate und Phosphate sind keine Gift-, sondern Nährstoffe. Sie fördern das Wachstum von Pflanzen. Wenn zu viele Nährstoffe ins Meer gelangen, vermehren sich Algen und höhere Pflanzen massenhaft. Diesen Zustand nennt man Eutrophierung.

Der übermäßige Nährstoffeintrag verändert die Lebensbedingungen im Meer. Durch das starke Algenwachstum wird das Meerwasser trüber. Es gelangt nicht mehr so viel Licht in die Tiefe wie bei klarem Wasser. Tange (z. B. der Blasentang), die Licht zum Leben brauchen, können sich nicht mehr entwickeln. Besonders problematisch ist dies in den flachen Schelfmeeren wie Nordsee, Ostsee oder Mittelmeer.

# Piraten, Schätze, Seemannslieder

Heute geht's auf Schatzsuche! Ja, Vivi und ich haben endlich das

Rätsel rausgekriegt! Das Lösungswort lautet „In der Felsgrotte". Und da sind wir auch schon!

Hier irgendwo muss sie sein, die Stelle, an der der Schatz versteckt ist. Vivi leuchtet mit der Taschenlampe neben einen großen Stein. Da glitzert doch was! Chica bellt. Gold! Jede Menge Goldstücke! Der Piratenschatz! Vivi nimmt eins und beißt hinein.

„Also die hat bestimmt Mama gekauft!", lacht sie und wickelt ein Goldstück aus. Es ist aus Schokolade. Das darf doch nicht wahr sein! So wird man als Kind von den Erwachsenen verschaukelt! Echte Goldstücke wären mir schon lieber gewesen! Ich esse auch ein falsches Goldstück, und dann verteilen wir die übrigen ganz gerecht an alle. Jeder bekommt gleich viel. Nein, Chica, lass das, du nicht. Hunde sollen keine Schokolade essen!

„Feind im Anmarsch!", schreit Laura plötzlich. Ich stopfe mir noch schnell Schokolade in den Mund, stecke die restlichen Goldstücke in die Hosentasche und rase hinaus an den Strand, den andern hinterher. Wir machen ein Riesengeschrei und laufen zu Lauras Schlauchboot. Wir spielen, wir wären Piraten und Kannibalen wären hinter uns her. Endlich sind wir in Sicherheit! Puh! Geschafft. Alles in Butter auf'm Kutter, wie Käpt'n Blaubär immer sagt.